MEIN KRÄUTERKÖRBCHEN

Die besten Ideen und Rezepte für

Majoran

Minze & Ringelblume

MEIN KRÄUTERKÖRBCHEN

Die besten Ideen und Rezepte für

Majoran

Minze & Ringelblume

FOTOGRAFIEN VON GLORIA NICOL

Text von Hazel Evans

NEFF

Origanum majorana · Mentha spicata · Calendula officinalis · Mentha spicata · Calendula officinalis · Origanum majorana · Mentha spicata · Calendula officinalis · Origanum majorana · Mentha spicata · Calendula officinalis · Origanum majorana · Mentha spicata · Calendula officinalis · Origanum majorana ·

MEIN KRÄUTERKÖRBCHEN

Die besten Ideen und Rezepte für Majoran, Minze, Ringelblume

ISBN 3 8118 5396 1

Originaltitel: The Herb Basket: Marjoram, Mint & Marigold
Licensed by Jockel & Partner Verlagsagentur, Karben

Titelbild und Fotos: The Bridgewater Company Ltd.
Autoren der englischen Originalausgabe: Hazel Evans, Gloria Nicol
Einbandgestaltung: Kathrin Junker
Redaktion: AMS Autoren- und MedienService, Reute
Übersetzung: AMS/Susanne Gerold, Offenburg
Herstellung: Layoutsatz Kendlinger, Freiburg
Printed in Singapore

Origanum majorana · Mentha spicata · Calendula officinalis

INHALT

FREUDE AN KRÄUTERN

Majoran

Minze

Ringelblume

KRÄUTER „sind Pflanzen, deren Blätter, Blüten und Stengel zum Essen, in der Medizin und als Duft- und Geschmacksmittel benutzt werden", heißt es im Lexikon.
Darüber hinaus reichen ihre Wurzeln tief in die Vergangenheit.

Die ältesten uns überlieferten Bücher handeln von Kräutern und Pflanzen, und sicher zählen sie zu den schönsten Büchern überhaupt. Das erste Pflanzenbuch stammt wohl von dem chinesischen Kaiser Chin Nong 2700 v. Chr. Auch assyrische Tontafeln hielten Wissen über Pflanzen fest, und die Griechen listeten rund 500 Pflanzen auf. Discorides jedoch war es, der im ersten Jh. n.Chr. versuchte, diese Pflanzen mit ihren magischen Eigenschaften systematisch zu erfassen und einzuordnen.

Das erste britische Pflanzenbuch, das Leech Book of Bald, stammte von einem Freund des berühmten König Alfred. Am bekanntesten ist aber wahrscheinlich das 1597 von Gerard veröffentlichte Buch, das er allerdings angeblich nicht selbst zusammengestellt, sondern nur abgeschrieben hat. Etwa ein Jahrhundert später kombinierte Culpeper das Wissen über Pflanzen mit dem über Astrologie. Zu dieser Zeit arbeiteten Apotheker ausschließlich mit Pflanzen, und auch viele Hausfrauen konnten gängige Leiden mit einfachen Mitteln heilen.

Wie kommt es nun, daß Kräuter auch heute noch eine so große Bedeutung haben? Ganz sicher liegt es an ihrer unendlichen Vielfalt bei den Anwendungsmöglichkeiten in Küche, Medizin und Schönheitspflege und an den verschiedenen Farben, Formen und Aromen.
Wer heute einen Kräutergarten anlegt, steht in Beziehung mit der Vergangenheit und weiß, daß die Pflanzen bereits seit Jahrhunderten genutzt werden, sie wurzeln in Legenden und Mythen. Ob wir also mit Majoran oder Minze kochen oder Ringelblumen zum Dekorieren pflücken – die Vergangenheit ist immer gegenwärtig.

Origanum majorana · Mentha spicata · Calendula officinalis

Pflanzentrio: Ringelblumen zwischen Minze und Majoran

Majoran gibt es in vielen dekorativen Formen.

MAJORAN

MAJORAN ZÄHLT zu den ältesten Kräutern und kommt ursprünglich aus dem Mittelmeerraum. Der Name stammt von den Griechen: *oros* und *ganos* heißt etwa „Freude der Berge“. Die Liebesgöttin Aphrodite soll Majoran erschaffen und durch ihre Berührung für den süßen, würzigen Geschmack gesorgt haben. So verwundert es nicht, daß griechische Paare bei der Hochzeit Kränze aus Majoran trugen. Einem anderen Mythos zufolge bestrafte der König von Zypern einen Diener, der ein Parfumfläschchen fallengelassen hatte, indem er ihn in eine Majoranpflanze verwandelte.

Im alten Ägypten benutzte man Majoran als Desinfektionsmittel und zur Konservierung der Mumien. Es waren jedoch die Römer, die für seine Verbreitung in ganz Europa sorgten.

Shakespeare beschrieb Majoran als das „Kraut der Anmut“. Es war eines der vielen Kräuter, mit denen die Menschen versuchten, sich vor der Pest zu schützen. In der Zeit der Tudors wurden mit dem süßen Majoran Gärten eingefaßt, während man mit dem Öl Möbel und Böden polierte. In manchen Ländern wird das Öl als Mittel gegen Gelenkrheuma, Zahnschmerzen und morgendliche Übelkeit sehr geschätzt. In Aromatherapien wird das Öl bei Entspannungsmassagen eingesetzt. Es gibt aber nicht nur den einen Majoran, sondern eine ganze Familie. Sie alle haben den gleichen würzigen, leicht süßlichen Geschmack, der je nach Herkunft (Europa, Nordafrika oder Amerika) und Intensität der Sonne variiert.

Es gibt einige seltsame Mythen zu Majoran. Der Kräuterkundler Gerard sagte, daß ein Tee aus Majoran denjenigen guttäte, die „unter übermäßigem Seufzen leiden“. Portugiesische Kinder glauben heute noch, daß die Nase abfällt, wenn man daran schnupft. Schildkröten kauen es angeblich, um sich für einen Kampf zu stärken. Aristoteles bemerkte dazu, daß diese seltsamen Geschöpfe es wohl auch als eine Art Gegengift benutzten.

Mentha spicata · Calendula officinalis · Origanum majorana · Mentha spicata · Calendula officinalis · Origanum majorana · Mentha spicata · Calendula officinalis · Origanum majorana ·

Gemeiner Dost oder Wilder Majoran
Origanum vulgare

Dies ist eine kleine, widerstandsfähige Pflanze, die wild auf kalkigem Boden wächst. Es handelt sich grundsätzlich um die gleiche Pflanze wie beim italienischen Oregano oder dem griechischen Dost. Auch in Mexiko wird sie häufig zum Kochen verwendet.

Eine Variante ist der Goldscheckige Majoran mit Krausblättern *(Variegata)*, eine andere der Goldmajoran *(Aureum)*.

Süsser Majoran
Origanum marjorana

Die mehrjährige Pflanze mit kleinen weißen oder blauen Blüten wächst meist nur ein Jahr, weil sie den Winterfrost nicht übersteht. Sie schmeckt weniger bitter und etwas feiner. Die kleinen Blätter haben eine ausgeprägte, knorrige Form, und die Stengel sind hellrot.

OBEN: *Goldmajoran, Origanum vulgare* 'Aureum.'

BLATTMAJORAN
Origanum onites

Diese Pflanze ist robuster und buschiger als der Süße Majoran und verbreitet sich schnell. Gewöhnlich übersteht sie den Winter in kühleren Gegenden. Ihr Geschmack ist etwas strenger, und im Hochsommer entwickelt sie weiße, rosa oder malvenfarbene Blüten.

Es gibt auch Varianten mit goldenen und gewellten Blättern, die sich gut als Bodendecker eignen.

KRETISCHER DOST
Origanum dictamnus

Die Blätter dieser Bodendecker sind von weißlichem Flaum umgeben. Der Dost gedeiht sehr gut in Einfassungen oder in einem Steingarten. Zum Kochen ist er nicht unbedingt geeignet, auf der Insel Kreta wird er jedoch als Kräutertee geschätzt.

OBEN: *Majoran wächst sehr schön in dekorativen Töpfen.*

MINZE

ALL DIE JAHRHUNDERTE hindurch wurde Minze sehr geschätzt, besonders im Nahen Osten und in Nordafrika, wo sie häufig für Pfefferminztee verwendet wird. Der Name stammt von der wunderschönen Nymphe Minta, die von Hades, dem Gott der Unterwelt, verfolgt wurde. Seine eifersüchtige Frau Persephone verfluchte das Mädchen und verwandelte es in eine Pflanze, die dazu bestimmt war, im Schatten zu leben – ein Platz, den die Minze heute noch bevorzugt.

In heißen Ländern wie Indien wurde Minze jahrhundertelang in den Türeingang gehängt, um den Eindruck von Kühle zu vermitteln. Minze enthält Menthol, wodurch auf der Haut ein frisches Gefühl entsteht. Lange Zeit wurde sie als Allheilmittel gegen Verdauungsprobleme benutzt. Die gewöhnliche Minze, die man meist in unseren Gärten findet, stammt aus einer Familie von über achtzehn Arten – von der niederliegenden Korsischen Minze mit kleinen Blättern bis zur sogenannten Ährenminze (*Mentha raripila rubra*) mit dunklen, rotstichigen Blättern. Es gibt sogar eine Wasserminze (*Mentha aquatica*), die in sumpfigem Boden gedeiht und so herb wie die anderen schmeckt. Die geflammten Varianten der Minze wie die *Mentha gentilis* sind zudem äußerst dekorative Pflanzen.

OBEN: *Das Angebot verschiedener Minzen ist überaus reichhaltig.*

Grüne Minze
Mentha spicata

Mit dieser Minze wird am häufigsten gekocht. In England bereitet man damit die Lamm-Sauce zu. Das Öl wird für Kaugummi benutzt. Eine wellige Version heißt *Crispata*, Krause Minze.

Apfelminze
Mentha rotundifolia

Diese Minze hat pelzige, runde Blätter und wird oft in der Küche benutzt. Sie schmeckt leicht, aber merklich nach Apfel. Sie wird auch Rundblättrige Minze genannt und gibt der Minzsauce eine besonders feine Note.

Pfefferminz
Mentha piperita

Der Geschmack dieser Minze ist zu stechend für Minzsauce, aber sie eignet sich für Konfekt oder Pfefferminzlikör. Außerdem wird aus ihr Pfefferminzöl hergestellt.

Ingwerminze
Mentha gentilis

Diese Minze hat sehr schöne gelbgeflammte Blätter.

Eau-de-Cologne-Minze
Mentha citrata var eau de cologne

Diese Minze hat einen feinen Zitronengeschmack und wird meist für Duft-Potpourris und verschiedene Minztees benutzt.

Polei-Minze
Mentha pulegium

Wegen des strengen Geschmacks eignet sie sich nicht für die Küche. Sie wirkt außerdem abtreibend und sollte daher mehr zur Dekoration als zum Verzehr verwendet werden.

OBEN: *An Markttagen nach Minze Ausschau halten.*

Die echte Ringelblume hat tief orangefarbene Blüten.

RINGELBLUME

DIE RINGELBLUME ist eine Blume der Sonne. Sie stammt aus Indien (wo man mit ihr die Statuen der Hindu-Götter krönt oder deren Tempel dekoriert) und aus Persien, wo sie zum ersten Mal in der Küche eingesetzt wurde. Der offizielle Name Calendula stammt von dem lateinischen Wort für Kalender, denn es hieß, daß sie an jedem Ersten eines neuen Monats blühen würde. Tatsächlich blüht sie in Ländern mit warmem Klima beinahe das ganze Jahr hindurch.

Die Ringelblume wird als Küchenkraut und auch als Blume geschätzt. Im Haushalt dient sie als Farbstoff, oder um den Geschmack von Gerichten wie Aufläufen und Eintöpfen zu verfeinern. Die Ringelblume hat aber auch heilende und antiseptische Eigenschaften. Im amerikanischen Bürgerkrieg wurden mit den Blättern der Ringelblume Wunden geheilt, und im Ersten Weltkrieg, als die Versorgung mit Medikamenten schwierig wurde, benutzte man zur Behandlung der Verletzungen der Soldaten eine Salbe aus Calendula. Dem Saft der Ringelblume wird auch nachgesagt, Bienen- und Wespenstiche zu lindern. Die alten Ägypter glaubten, daß die Pflanze die Haut verjüngt, und heute ist sie Bestandteil vieler natürlicher Kosmetikmittel. Die Ringelblume war schon immer die Blume der Liebe und verzauberte die Menschen angeblich bei Beschwörungen. Alte Kräuterbücher versprechen, daß allein der Anblick der Ringelblume „die schlechte Stimmung vertreibt". Ihre Blüten nennt man auch das Saffran der armen Leute, weil sie beim Kochen gelb färben.

Wenn man die Ringelblume wegen des Geschmacks anbaut, ist es wichtig, statt der afrikanischen oder französischen Kreuzung *Tagetes* die echte – *Calendula* – zu nehmen.

PFLEGE

Häufiges Schneiden hält Majoran und Minze im Topf buschig.

MAJORAN
Origanum

Dieses Kraut wächst bis zu einer Höhe von 30 cm. Wichtig sind ein sonniger Platz und feuchte Erde, am besten kalkhaltige. Die Pflanze verholzt am Grund leicht und entwickelt lange Triebe, deshalb öfter abschneiden und das tote Holz entfernen. Große Büschel sollte man abtrennen, denn wenn die Pflanze wuchert, verschlechtert sich der Geschmack. Wenn Sie im Herbst Wurzelstecklinge eintopfen und ins Haus stellen, haben Sie auch im Winter immer etwas frisches Grün.

MINZE
Mentha

Sie ist eine mehrjährige Pflanze, die bis zu 60 cm hoch wird. Ihre Wurzeln verbreiten sich sehr schnell und können sich sogar einen ganzen Bereich im Garten erobern. Minze wächst nahezu an allen Standorten, am besten im Schatten. Haben Sie wenig Platz, eignet sich gut ein bodenloser Kübel, der in die Erde eingelassen wird. Minze wächst gut von kleinen Wurzelstecklingen oder Ablegern, während die Samen nicht immer keimen. Die Pflanzen sollten häufig geschnitten und die Blüten abgeknipst werden, damit die Pflanzen schön buschig wachsen und viele neue Triebe bekommen. Als Topfpflanze im Haus haben Sie auch im Winter frische Minze.

Damit die Minze andere Pflanzen nicht verdrängt, den Boden eines Kübels oder Topfes entfernen und ihn in die Erde versenken. Minze in die Mitte pflanzen.

RINGELBLUME
Calendula officinalis

Die Ringelblume ist eine zähe einjährige Pflanze, die jedes Jahr erneut aus einem Samenkorn entsteht und bis zu 60 cm groß wird. Sie bevorzugt die Sonne und gedeiht in fast jedem Boden, solange er nicht unter Wasser steht. Die Aussaat sollte – im Abstand von 25 cm – im Frühjahr an einem sonnigen Ort stattfinden. Im Herbst kann man auch jeweils einen Sämling im Topf anpflanzen. Hat sie sich erst einmal richtig entwickelt, besamt sich die Ringelblume von Jahr zu Jahr selbst.

1. Mehrere Samenkörner in einen Topf stecken und mit Pflanzerde bedecken. Die Erde immer feucht halten.

2. Sind die Sämlinge groß genug zum Anfassen, in einzelne Töpfe verpflanzen.

ERNTEZEIT

PFLÜCKEN SIE die Kräuter bereits frühzeitig, damit die Pflanze angeregt wird, weitere Triebe zu bilden. Die Blätter der Minze und des Majorans sollten vor der Blüte abgenommen werden, da der Geschmack sonst schwächer wird. Wählen Sie nur die besten Teile aus und sammeln Sie sie an einem trockenen Tag, wenn der Morgentau verdunstet ist.

MAJORAN-ERNTE

Achten Sie darauf, daß Sie nicht in die hölzernen Triebe schneiden, es sei denn, Sie wollen die Triebe zurückschneiden. Die beste Zeit dafür liegt vor dem ersten Frost, da die Pflanze sonst vom Wetter geschwächt sein könnte. Bei vorsichtiger Pflege können Sie einige Triebe auch über den Winter erhalten.

MINZE-ERNTE

Minze läßt sich ungefähr dreimal während des Wachsens ernten. Gegen Ende des Sommers sollten Sie die Minze gut zurückschneiden und absterbende Stengel beseitigen. Blühende Triebe müssen sofort abgetrennt werden, weil sie der Pflanze das wichtige Öl rauben.

RINGELBLUMEN-ERNTE

Pflücken Sie die Blüten, sobald sie sich richtig geöffnet haben. Lassen Sie sie eine halbe Stunde liegen, dann lösen sich die einzelnen Blütenblätter leichter. Beim Trocknen einer ganzen Ringelblume achten Sie darauf, auch den Stengel abzuschneiden. Wenn Sie die Samen sammeln, versichern Sie sich vor dem Abtrennen, daß die Körner braun und reif sind. Das Entfernen der Samenhülsen treibt die Pflanze zu weiteren Blüten an.

*Ringelblumen-
blüten leuchten
herrlich.*

Origanum majorana · Mentha spicata · Calendula officinalis

Minze und Majoran beim Trocknen.

TROCKNEN

WARTEN SIE mit dem Trocknen der Kräuter nicht zu lange. Wählen Sie einen Ort mit guter Luftzirkulation, damit die Feuchtigkeit so schnell wie möglich schwindet. Sind die Kräuter erst einmal trocken, bewahren Sie sie sofort an einem dunklen Ort auf und vermeiden Sie jeden Kontakt mit Feuchtigkeit, da die Kräuter sie aufsaugen und wieder feucht werden.

Hängen Sie Ringelblumen zum Trocknen kopfüber an den Stengeln auf, so daß sie sich nicht gegenseitig berühren.

Breiten Sie die Blüten an einem warmen, dunklen Ort auf Papier aus und legen Sie die getrockneten Blüten in einen lichtundurchlässigen Behälter, damit sie nicht ihre Farbe verlieren.

Sammeln Sie geerntete Ringelblumensamen bis zur nächsten Aussaat in Papiertüten oder Briefumschlägen.

Eine Lage Silizium-Körner in ein Gefäß legen und vorsichtig die Ringelblumen darauf verteilen. Mit weiteren Silizium-Körnern bedecken. Deckel schließen und 4–5 Tage trocknen lassen.

Minze kann man als Strauß kopfüber an einem warmen, dunklen Ort trocknen lassen. Sobald sie trocken sind, breiten Sie sie auf einem Blatt Papier aus und verstauen sie in Gläsern oder luftdichten Behältern. Die Blätter lassen sich auch gut in kleinen Plastikbeuteln einfrieren oder kleingehackt im Behälter für Eiswürfel aufbewahren. Wenn die Würfel gefroren sind, legen Sie sie in einer Tüte in die Gefriertruhe.

Majoran kann man als Strauß aufhängen, aber besser ist es, die Zweige einzeln auf einem Stück Papier auf einem Draht zu trocknen.

Auch Majoran eignet sich zum Einfrieren, aber der Geschmack läßt sich am besten in Öl oder Essig konservieren.

KRÄUTER IM STEINGARTEN

Ein Steingarten eignet sich hervorragend für kleinere, buschigere Pflanzen wie Majoran. Haben Sie bereits einen solchen Garten, verwandeln Sie ihn doch in einen Duftgarten. Sie werden sehen, wie gut das mit Bodendeckern geht.

Ein Garten wie dieser ist ideal für Mittelmeer-Pflanzen wie Thymian, Majoran und Salbei, die sich zu einem Farbenteppich zusammenschließen. Der Stein bietet Pflanzen Schutz, die Schatten bevorzugen, und begrenzt kräftigere Wurzeln wie die der Minze. Wählen Sie soviel Bodendecker wie möglich – besonders gut in einem solchen Arrangement machen sich Kretischer Dost (*Origanum dictamnus*) oder Goldmajoran. Die Polei-Minze oder Korsische Minze bieten mit ihrer dunkelgrünen Farbe einen hübschen Kontrast.

Ein Miniatur-Rasen

Legen Sie oben auf dem Steingarten einen kleinen Rasen aus Korsischer Minze an. Auch bei nur wenig Erde bildet sie einen schönen, grünen Teppich.

1. *Zuerst einen leicht runden Hügel aus Erde und reichlich Kompost oder Dünger formen. Sind nicht genügend Steine vorhanden, den Garten vielleicht in einer Ecke anlegen. Die Steine gut in den Boden drücken.*

2. *Mit einer Kelle die Pflanzen einsetzen, dann gleichmäßig Erde über die Oberfläche verteilen.*

KRÄUTER ALS ZIMMERPFLANZEN

SIE KÖNNEN Kräuter auch als Topfpflanzen in die Küche stellen. Bringen Sie Teile der Pflanzen gegen Ende des Sommers ins Haus, dann werden sie den Winter hindurch wachsen. Die Ringelblume wird weiter blühen, Basilikum wird sich gut entwickeln, und Sie werden zu Weihnachten frische Vorräte an Majoran und Minze haben.

Besonders gut eignet sich eine Suppenterrine oder eine Bowlenschüssel. Wenn Sie einen Salat servieren, stellen Sie die Terrine auf den Tisch, und die Gäste bedienen sich selbst. Besonders die welligen und goldenen Arten von Majoran und Minze wachsen sehr gut in Terrinen. Fügen Sie Schnittlauch, Petersilie, Thymian und Basilikum hinzu. Setzen Sie die Pflanzen später wieder an ihre alte Stelle in den Garten und decken Sie sich mit neuem Vorrat ein.

1. Ein geeignetes Gefäß für diesen Zweck auswählen. Flohmärkte bieten häufig große, alte Schüsseln – ideal zum Anpflanzen von Kräutern.

2. Die Behälter benötigen keine Entwässerungslöcher. Einfach die Kräuter in ihren angestammten Töpfen hineinstellen, dann Vermiculit oder gerupfte Rinde darüber und in dem Zwischenraum verteilen.

Blüten der Ringelblume als Tischdekoration.

KRÄUTER ZUR DEKORATION

BLUMENDEKORATEURE übersehen häufig die Kräuter, wenn sie nach Material suchen. Das ist schade, denn sie könnten einem Blumenbouquet nicht nur Vielfalt, sondern auch ein besonderes Aroma hinzufügen. Es stehen eine ganze Reihe Farbschattierungen zur Auswahl - vom Blau der Raute über das lebhafte Limonengrün des jungen Rainfarns bis zum Gold des Aureum-Majorans. Achten Sie auf geflammte Minzsorten und Salbei, um die Sammlung zu vervollständigen, und umrahmen Sie das Bouquet zum Beispiel mit den fedrigen Blättern von Dill oder Fenchel. Frisch geschnittene Kräuter mit all ihrer farblichen Vielfalt eignen sich auch als hübsche Sträußchen für die Gastgeber, wenn Sie zu einem Essen eingeladen sind. Wickeln Sie die Stiele in ein feuchtes Papiertuch und bedecken Sie es mit Folie, um die Kräuter frisch zu halten. Legen Sie Blütenköpfe der Ringelblume in eine Schüssel mit Wasser und Schwimmkerzen.

TIP

Legen Sie doch einmal einen Kranz aus Ringelblumenblüten um eine Kerze. Sie können ihn auch auf Baumwolle aufnähen.

KRÄUTERAMPEL

BEPFLANZEN SIE diese ungewöhnliche Ampel mit verschiedenen Arten Majoran und Ringelblumen. Sie können die Ampel an Ketten aufhängen oder auf die Arbeitsfläche stellen. Kaufen Sie das größte Sieb, das Sie finden und bemalen Sie es in den Farben Ihrer Wahl – weiß wirkt gut gegen grünes Blattwerk, türkis gibt ihrem Topf etwas Mediterranes. Für ein Metallsieb brauchen Sie Emaillelack, für ein Plastiksieb Acryllack.

1. Das Sieb mit schwarzer Plastikfolie auskleiden. Mit einer Stricknadel ein oder zwei Entwässerungslöcher in den Boden stechen. Mit Kompost auffüllen, in der Mitte eine kleine Vertiefung lassen.

2. Mit verschiedenen Sorten Majoran bepflanzen. Ein oder zwei Ableger können durch die Löcher an den Seiten gesteckt werden, damit sie während des Sommers wachsen.

Origanum majorana · Mentha spicata · Calendula officinalis

KRÄUTER IM SALAT

Nehmen Sie Majoran, Minze und Ringelblume für schmackhafte Blattsalate aus dem Mittelmeerraum wie z.B. Radiccio. Schneiden Sie Majoran und Minze klein, und bestreuen Sie den Salat der Farbe wegen mit Ringelblumenblüten.

GURKENSALAT MIT MINZE

Gurke und Minze passen ausgezeichnet zusammen. Versuchen Sie diesen frischen Beilagensalat als Vorspeise. Fügen Sie nach Belieben etwas Joghurt zum Essig.

Zutaten

Für 4 Personen

1 Salatgurke

$^{2}/_{3}$ Tasse Vinaigrette

2 TL gehackte Minze

Gurke schälen und in sehr dünne Scheiben schneiden. Die Scheiben mit Salz bestreuen und im Sieb auf einen Teller stellen.

Mit einem Gewicht bedecken und Gurkenscheiben 30 Minuten ziehen lassen.

Gurken in einer Schüssel anrichten, Vinaigrette hinzufügen und mit gehackter Minze bestreuen.

Die Marinade vor dem Servieren weitere 30 Minuten ziehen lassen.

Tip

Weiche Gurkenscheiben sehen wieder frisch aus, wenn man sie in eiskaltes Wasser taucht.

TOMATENSALAT MIT MAJORAN

Man kann das schärfere Oregano hier auch durch Majoran ersetzen. Von getrockneten Kräutern braucht man nur die Hälfte.

Zutaten

Für 4 Personen

1 Knoblauchzehe

$^{2}/_{3}$ Tasse Vinaigrette

4 große Tomaten

3 EL geriebener Parmesan

1 TL gehackter Majoran

Die Knoblauchzehe mehrmals einritzen und zur Vinaigrette geben.

Mindestens eine Stunde stehenlassen, wenn möglich, über Nacht.

Tomaten in Scheiben schneiden und auf einem flachen Teller anrichten. Mit Salz und Pfeffer würzen und mit Parmesan bestreuen.

Knoblauch aus der Vinaigrette nehmen und das Dressing über die Tomaten gießen.

Gehackten Majoran hinzufügen und mit warmem, knusprigem Brot servieren.

Mentha spicata · Calendula officinalis · Origanum majorana · Mentha spicata · Calendula officinalis · Origanum majorana · Mentha spicata · Calendula officinalis · Origanum majorana · Mentha spicata · Calendula officinalis ·

Mentha spicata · Calendula officinalis · Origanum majorana · Mentha spicata · Calendula officinalis · Origanum majorana · Mentha spicata · Calendula officinalis · Origanum majorana ·

KRÄUTERBROT

MIT DEM Interesse an ungewöhnlichen Brotsorten entstand auch die Idee, Kräuter hinzuzufügen, entweder ein einziges Kraut oder eine Mischung. Die Blütenblätter der Ringelblume sorgen für zusätzlichen Geschmack und eine goldene Farbe.

ZUTATEN

Für ein 750-g-Brot

2 Tassen Mehl
2 Tassen Weizenvollkornmehl
2 TL Salz
1 TL getrockneter Majoran
1 TL getrocknete Minze
1 TL Butter oder Margarine
2 TL frischer Majoran
2 TL frische Minze
2 TL Zucker
1 1/4 Tassen warmes Wasser
2 TL Trockenhefe

Mehl in einer großen, warmen Schüssel mit dem Salz und den getrockneten Kräutern vermischen. Fett und die frischen, geschnittenen Kräuter zufügen und verrühren.

Zucker in einer Hälfte des warmen Wassers auflösen und die Hefe darüber verteilen. Zehn Minuten gehenlassen.

Die Hefemischung in eine Vertiefung des Mehls geben und verrühren. Das übrige Wasser hinzufügen und rühren, bis ein weicher Teig entsteht.

Den Teig sorgfältig auf einem bemehlten Brett kneten und 2 Ringe, Zöpfe oder Kränze formen. Auf ein Backblech legen und mit einem Tuch bedeckt an einem warmen Ort etwa 1 Stunde gehenlassen.

Auf mittlerer Schiene im vorgeheizten Ofen bei 215 °C etwa 30–40 Minuten backen.

RINGELBLUMENBRÖTCHEN

BRÖTCHEN sind schnell und einfach zu machen und lassen sich leicht für späteren Bedarf einfrieren. Die Blütenblätter der Ringelblume verleihen dem Teig in diesem Rezept eine herrliche Farbe.

ZUTATEN

Für 12 Stück

1 TL Zucker

½ Tasse lauwarme Milch

1 ½ TL Trockenhefe

2 Tassen Mehl

1 TL Salz

4 EL Butter oder Margarine

1 gehäufter EL Blütenblätter der Ringelblume

2 geschlagene Eier

Blütenblätter zum Dekorieren

Zucker in der Milch auflösen, mit Hefe bestreuen und gehenlassen.

Mehl mit dem Salz mischen, mit Fett verrühren und die Blütenblätter zufügen.

Milch und 1 geschlagenes Ei zufügen und verrühren, bis ein weicher Teig entsteht. Nach Bedarf noch Milch zugeben.

Auf einem bemehlten Brett mit einem Tuch bedecken und an einem warmen Ort etwa 1 Stunde gehenlassen.

Den Teig kneten und anschließend in 12 Teile schneiden. Brötchen daraus formen und nebeneinander auf einem gefetteten Backblech auslegen. Noch einmal 20 Minuten an einem warmen Ort stehenlassen.

Die Brötchen mit geschlagenem Ei bestreichen und mit Blütenblättern bestreuen. Im vorgeheizten Ofen bei 230 °C 15 Minuten backen. Die Brötchen sind fertig, wenn sie beim Klopfen gegen den Boden hohl klingen.

GRILLEN MIT KRÄUTERN

GRILLFLEISCH kann zum Gourmet-Essen werden, wenn man es mit Kräutern würzt. Geben Sie Majoranzweige auch zum Grillgemüse, besonders zu Paprika und Aubergine. Drücken Sie Minze in den Fisch, und wickeln Sie Majoran um Lammspieße. Nehmen Sie auch für Grillfrikadellen Kräuter, sie bekommen dann den Geschmack der frischen Luft.

GEGRILLTE FRIKADELLEN MIT MINZE

MACHEN SIE ihre eigenen Grillfrikadellen. Sie sind schneller gar als Fleischstücke und lassen viel Raum für Phantasie. Sie können die Minze auch durch Majoran oder andere Kräuter ersetzen. Oder ersetzen Sie Fleisch durch pürierte Hülsenfrüchte und kleingeschnittenes Gemüse.

ZUTATEN

Für 8 Stück

2 Tassen Hackfleisch
2 EL gehackte Minze
1 Prise Muskat
1 Scheibe Weißbrot
1 geschlagenes Ei
4 EL Butter
6 Minzezweige zum Garnieren

- Das Fleisch mit der Minze und dem Muskat in einer Schüssel verarbeiten. Gut würzen.
- Das Brot in etwas Milch oder Wasser einweichen, zusammen mit dem Ei zufügen und mit der Masse verrühren.
- Etwa 4 cm dicke Frikadellen formen.
- Die Frikadellen auf dem Grill von beiden Seiten braten, bis sie braun sind. Hitze etwas reduzieren und 5 Minuten weiterbraten lassen, bis sie gut durch sind.
- Mit Butter und frischer Minze garniert heiß servieren.

TIP

Tragen Sie mit einem Büschel Minze Öl auf das Grillgut auf, ein Hauch von Minzgeschmack bleibt haften.

RINDFLEISCHTOPF MIT RINGELBLUMEN

MACHEN SIE es wie die Hausfrau im Mittelalter, und geben Sie ein paar Ringelblumen in eine Kasserolle. Das verstärkt das volle Braun der Farbe und fügt einen feinen, bestimmten Geschmack hinzu.

ZUTATEN

Für 4 Personen

750 g Nackensteak

1 große Zwiebel

2 grüne Paprika

2 EL Öl

$^{2}/_{3}$ Tasse roter Wein

2 EL Tomatenpaste

2 EL frische Blütenblätter der Ringelblume

Das Fleisch in kleine Würfel schneiden. Zwiebel und Paprika in kleine Stücke schneiden. Die Zwiebel in dem Öl goldbraun braten. Mit einem Schaumlöffel herausnehmen und in die Kasserolle legen. Paprikastücke anbraten, dann zur Zwiebel geben. Das Fleisch anbraten. Wein zufügen, die Tomatenpaste einrühren und zum Kochen bringen. Alles in die Kasserolle geben, mit Blütenblättern bestreuen und gut verrühren. Deckel schließen und im vorgeheizten Ofen bei 150 °C 2$^{1}/_{2}$ Stunden schmoren.

SCHWEINEFILET PROVENÇAL MIT MAJORAN

DIE KOMBINATION von Orangen und Majoran verleiht diesem Gericht eine besonders schmackhafte Note.

ZUTATEN

2 Zwiebeln

1 grüner Paprika

1 roter Paprika

1 Tasse Pilze

2 EL Haushaltsmehl

750 g geschnittenes Schweinefilet

4 EL Olivenöl

1 $^{1}/_{2}$ Tassen enthäutete Tomaten

2 Streifen Orangenschale

1 EL gehackter Majoran

Zwiebeln schälen, Paprika entkernen und schneiden, ebenso die Pilze fein schneiden. Mehl mit Salz und Pfeffer würzen und die Filetscheiben darin wälzen. Die Zwiebeln im Öl anbraten, dann das Fleisch zufügen, bis es von allen Seiten braun ist. Mit einem Schöpflöffel herausnehmen und in eine Kasserolle legen. Paprika und Pilze braten, dann die Tomaten zufügen. Zum Fleisch geben und Orangenschalen und Majoran zufügen. Mit geschlossenem Deckel im vorgeheizten Ofen bei 160 °C 1$^{1}/_{2}$ Stunden braten.

KRÄUTERKÄSE

VERFEINERN SIE einfachen Frischkäse mit Kräutern. Dadurch schmeckt er nicht nur gut, sondern sieht auch sehr dekorativ aus. Versuchen Sie es mit Ziegenkäse. Oder mit Quarkkäse, den Sie zuvor mit der Küchenmaschine zu einer weichen Paste verrühren.

KRÄUTERKÄSE-ROLLEN

ZUTATEN

Für 1 Tasse Käse

1 Tasse Frischkäse

1 Handvoll gehackte Minze, Majoran oder andere Kräuter, einige Halme Schnittlauch (nach Bedarf)

Käse kräftig verrühren. Mit den Händen zu kleinen, flache Scheiben formen.

Die gehackten Kräuter auf einem Brett auslegen und den Käse darin rollen, bis er ganz bedeckt ist. Mit dem Schnittlauch kleine Pakete daraus machen.

Den Käse mindestens 24 Stunden an einem kühlen Ort ruhenlassen, bevor er serviert wird.

TIP

Der Käse sollte Zimmertemperatur haben, bevor man ihn verarbeitet. Wenn er sehr kalt ist, kann man ihn eine oder zwei Sekunden lang in der Mikrowelle erwärmen.

RINGELBLUMEN-KÄSE

ZUTATEN

Für 1 Tasse Käse

100 g Colby- oder Jack-Käse

1/3 Tasse Frischkäse

3 EL Ringelblumen-Blütenblätter

Ringelblumenblüten oder Blütenblätter zum Garnieren

Colby- oder Jack-Käse grob raspeln und mit dem Frischkäse und den Blütenblättern vermengen.

Die Mischung in den Kühlschrank stellen.

Kleine, flache Scheiben formen und in den restlichen Blütenblättern rollen.

RINGELBLUMENKUCHEN

RINGELBLUMENBLÜTEN geben Kuchen und Gebäck eine goldene Farbe und einen zarten Geschmack. Dafür eignen sich auch getrocknete Blütenblätter, die zu Puder zermahlen sind.

ZUTATEN

Für einen Kuchen von 15 cm Durchmesser

2 Tassen Mehl mit Backpulver
eine Prise Salz
½ Tasse Butter oder Margarine
½ Tasse feiner Zucker
1 geschlagenes Ei
Saft einer kleinen Zitrone
6 EL Milch
2 EL frisch gepflückte Ringelblumen-Blütenblätter
Ringeblumen-Blütenblätter zum Garnieren

Das gesiebte Mehl mit dem Salz in eine Rührschüssel geben. Mit dem Fett verrühren, bis der Teig krümelig ist. Zucker zufügen. In eine Vertiefung in der Mitte das Ei und den Zitronensaft geben und alles zu einem gleichmäßigen Teig verarbeiten. Nach und nach die Milch zufügen.

Die Blütenblätter unterrühren und den Teig in eine Springform füllen. Im vorgeheizten Ofen bei 160 °C 1¼ Stunden goldbraun backen. Den Kuchen auf einem Kuchenrost abkühlen lassen und mit Blütenblättern garnieren.

RINGELBLUMENPLÄTZCHEN

ZUTATEN

Für 12 Stück

½ Tasse Butter
2 Tassen Mehl mit Backpulver
½ Tasse brauner Zucker
1 geschlagenes Ei
1 EL gerupfte Ringelblumen-Blütenblätter

Butter mit Mehl und Zucker vermengen. Das geschlagene Ei unterrühren, dann die Blütenblätter zugeben.

Den Teig ausrollen, kleine Scheiben ausstechen.

In einer tiefen Pfanne bei schwacher Hitze 2–3 Minuten backen, bis die Plätzchen aufgegangen und goldbraun sind.

MINZKONFEKT

Die beliebten Pfefferminztaler sind sehr einfach selbst herzustellen, wenn man ein Zuckerthermometer besitzt.

Zutaten

Für 500 g

2/3 Tassen Wasser

2 Tassen granulierter Zucker

eine Prise Weinstein

1 EL Butter

4 Tropfen Pfefferminzöl

Den Zucker in einer Pfanne mit dem Wasser bei niedriger Hitze auflösen. Zum Kochen bringen, eine gute Prise Weinstein zufügen und bei 110 °C weiterkochen. Abkühlen lassen und die Butter einrühren.

Eine große Tonschüssel mit etwas Wasser benetzen und den Zuckersirup hineingeben. Etwa 15 Minuten abkühlen lassen. Wenn sich eine Haut bildet, das Pfefferminzöl über der Mischung verteilen. Mit einem Löffel die Mischung in Form einer Acht rühren, damit alles gut vermischt wird.

Sobald die Mischung körnig und trüb wird, auf beschichtetes Backpapier legen. Kneten und zu einer Rolle von ca. 1,5 cm Durchmesser ausrollen. Mit einem Messer in kleine Taler schneiden.

SCHOLOLADEN-MINZBLÄTTER

Selbstgemachte Bonbons haben einen ganz eigenen Reiz und sind überraschend einfach herzustellen. Schokoladenminzblätter sind eine gute Alternative für gekaufte Pfefferminztaler, die als Konfekt zum Kaffee nach dem Essen gereicht werden. Im Kühlschrank frisch halten.

Zutaten

1 Eiweiß

feiner Zucker

eine Handvoll junger Pfefferminzblätter

250 g dunkle Blockschokolade

Das Eiweiß schlagen, bis es weiß und fest ist. Die trockenen Pfefferminzblätter mit dem Eiweiß bestreichen. In feinen Zucker tauchen und dann zum Trocknen auf Antihaft-Backpapier auf einem Küchendraht ausbreiten.

Wenn die Blätter völlig trocken sind, die Schokolade in einem Wasserbad schmelzen. Jedes Blatt am Stiel halten und in die flüssige Schokolade eintauchen. Danach auf einem anderen Blatt Backpapier trocknen lassen.

Tip

Sie können auch reine Schokoladenblätter herstellen. Dazu bestreichen Sie die unbehandelten Minzblätter nur auf einer Seite mit geschmolzener Schokolade. Sobald die Schokolade trocken ist, ziehen Sie das Blatt ab.

Mentha spicata · Calendula officinalis · Origanum majorana · Mentha spicata · Calendula officinalis · Origanum majorana · Mentha spicata · Calendula officinalis · Origanum majorana · Mentha spicata · Calendula officinalis ·

MINZLIKÖR

SERVIEREN SIE diesen ungewöhnlichen Likör gut gekühlt in kleinen Gläsern nach dem Essen oder als Aperitif zu schmackhaften Häppchen aus geräuchertem Fisch. Trinken Sie ihn in einem Zug.

ZUTATEN

Für 1 Liter

1 gehäufte Tasse Pfefferminzblätter

1 l Wodka

100 g Zucker

- Minze in ein Einmachglas geben und mit Wodka übergießen.
- Deckel schließen, gut schütteln und dann 2 Wochen ziehen lassen.
- Zucker zufügen, verschließen und wieder 2 Wochen ziehen lassen. Gelegentlich schütteln.
- Den Likör in eine frische Flasche füllen und mit einem Pfefferminzweig dekorieren.
- Noch einmal 2 Wochen ziehen lassen.

MINZ-JULEP

ZUTATEN

Für $3\frac{1}{4}$ Tassen

$\frac{2}{3}$ Tasse Wasser

4 EL gehackte Minze

2 EL Zucker

Saft einer Zitrone

2 Tassen Mineralwasser

$\frac{1}{2}$ Tasse Bourbon

- Wasser kochen und über die Minze gießen. Zucker zufügen und darin auflösen. Zitronensaft zugeben, dann alles abkühlen lassen.
- Durch ein Sieb in einen Krug gießen, Whisky und Mineralwasser zufügen. In hohe Gläser mit Eiswürfeln geben, mit Minzweig dekorieren.

Origanum majorana · Mentha spicata · Calendula officinalis

MINZTEE

Tip

Am besten geeignet ist die Marokkanische Minze (*Mentha viridis*). Ansonsten nimmt man Pfefferminze. Im Winter würzt man in Marokko den Tee manchmal mit süßem Majoran.

Zutaten

Für 3 3/4 Tassen

1 1/2 EL grüner Tee
(in Teehäusern erhältlich)
eine Handvoll ganze Minzblätter
3/4 Tasse Würfelzucker

Teekanne mit kochendem Wasser ausspülen. Den Tee hineingeben und mit der Minze bedecken. Zucker und kochendes Wasser zufügen.

5 Minuten ziehen lassen. Die Minzblätter sollten nicht aus dem Wasser ragen.

In kleine Gläser füllen.

In Marokko wird der Tee in zwei Kannen zubereitet, aus denen gleichzeitig in das Glas gegossen wird.

Origanum majorana · Mentha spicata · Calendula officinalis · Mentha spicata · Calendula officinalis · Origanum majorana · Mentha spicata · Calendula officinalis · Origanum majorana · Mentha spicata · Calendula officinalis

MINZCHUTNEY

SOLLTE DER Kürbis für dieses traditionelle Chutney schwer zu bekommen sein, kann man ihn durch Zucchini ersetzen.

ZUTATEN

Für 4 Pfund

1500 g Winterkürbis
1 Tasse Schalotten
250 g Äpfel
12 Pfefferkörner
¾ Ingwerwurzel
1 Tasse helle Rosinen
1 gehäufte Tasse brauner Zucker
3¾ Tassen Malzessig
eine Handvoll Minze

Kürbis schälen und in kleine Stücke schneiden. Mit Salz bestreuen und in einer Schüssel zugedeckt über Nacht stehenlassen. Schalotten und Äpfel schälen und schneiden. Den Kürbis waschen, trocknen und mit den Schalotten und Äpfeln in eine Pfanne geben. Pfefferkörner und Ingwer in Baumwollsäckchen binden und mit den Rosinen, Zucker, Essig und der gehackten Minze zugeben.

Kurz aufkochen und köcheln lassen, bis die Masse eingedickt ist. In sterilisierte, warme Töpfe geben und gut verschließen.

RAITA

DIESE ERFRISCHENDE Sauce aus Minze, Gurke und Joghurt kann einige Tage im Kühlschrank aufbewahrt werden. Sie schmeckt am besten zu Currygerichten.

ZUTATEN

Für 6 Personen

2 EL Minze
15 cm langes Stück einer Gurke
2½ Tassen Joghurt
½ TL Kümmelkörner
¼ TL Cayenne-Pfeffer oder Chili

Die Minze kleinhacken. Gurke schälen und grob raspeln.

Joghurt cremig rühren, die anderen Zutaten hinzufügen und vermischen. Gut mit Salz und etwas schwarzem Pfeffer würzen.

Zugedeckt im Kühlschrank mindestens einen Tag stehenlassen, damit sich der Geschmack entwickeln kann.

TIP

Eingemachtes erhält durch Minze einen feinen Geschmack – probieren Sie einmal Apfelgelee mit Minzblättern.

Origanum majorana · Mentha spicata · Calendula officinalis

BEMALTE KRÄUTERTÖPFE

RINGELBLUMEN bilden mit ihren hellen, leuchtenden Blüten ein eindrucksvolles Motiv. Mit etwas Übung können Sie die Blumen aus freier Hand malen und Terracotta-Töpfe dekorieren oder einen alten Emaille-Brotkasten verschönern. Wenn Sie ohne Vorlage malen, ist Spontaneität wichtiger als Genauigkeit, also versuchen Sie es zuerst auf Papier, bis Sie etwas Übung haben.

MATERIAL

ein Naturschwamm
Acrylfarbe in leuchtendem Blau und gelben, orangenen, roten und braunen Farbtönen
ein flacher Pinsel

TIP

Beschränken Sie sich nicht auf Blumen – Sonne, Mond und Regenbogen sind auch sehr attraktiv. Lassen Sie sich von Zeitungen und Büchern inspirieren.

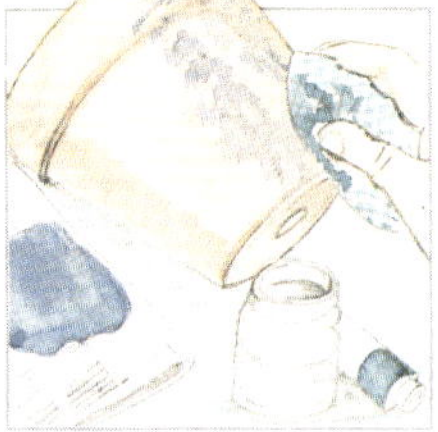

1. Einen alten Teller als Palette benutzen, darauf etwas blaue Farbe ausdrücken und wenig Wasser zufügen. Mit dem Schwamm auf die Farbe tupfen und dann leicht an den Topf drücken, so daß ein gesprenkeltes Muster entsteht. Vollständig trocknen lassen.

2. Gelbe, orange und rote Kleckse auf die Palette geben. Mit dem Pinsel vermischen, so daß die Mischung etwas schlierig wird und ein tiefes Orange vorherrscht. Von der Mitte ausgehend einfache Blumen auf den Topf malen. Die Schlieren sollten sichtbar sein. Trocknen lassen. Den Vorgang wiederholen, dabei mit einer helleren Farbe eine kleinere Blume in die erste setzen. Trocknen lassen.

3. Für das Innere der Blume den Pinsel in eine dunklere Farbe tauchen und dann einige Male die Mitte der Blume betupfen. Trocknen lassen.

· Mentha spicata · Calendula officinalis · Origanum majorana · Mentha spicata · Calendula officinalis · Origanum majorana · Mentha spicata · Calendula officinalis · Origanum majorana · Mentha spicata · Calendula officinalis ·

POTPOURRIS

PARFÜMIEREN SIE ihr Heim mit Potpourris. Trocknen Sie dazu möglichst viele Kräuter, die Sie nach Belieben zusammenstellen. Verzichten Sie aber nicht auf die Iriswurzel, da sie die verschiedenen Düfte bindet und dafür sorgt, daß Ihr Potpourri länger hält.

MAJORAN, RINGELBLUME UND MINZE

MAJORAN, Ringelblume und Minze bilden ein harmonisches Trio, mit dem sich ein Potpourri zusammenstellen läßt. Die Gewürze Nelken und Muskat geben ihm eine exotische Note, während die Iriswurzel, die von der weißen Iris stammt, das Parfum konserviert.

ZUTATEN

2 ½ Tassen gemischte getrocknete Majoranblätter und Ringelblumen-Blütenblätter
2 ½ Tassen getrocknete Zitronenmelisse und Minze
¼ Tasse getrockneter Lavendel
2 EL getrockneter Rosmarin
2 EL getrocknete Iriswurzel
½ Zimtstange
1 Streifen getrocknete Zitronenschale
½ TL ganze Nelken
½ TL gemahlenes Muskat
3 Tropfen Rosen-Geranien-Öl
2 Tropfen Zitronenöl
1 Tropfen Pfefferminzöl
getrocknete Ringelblumen und Minzeblätter

Alle Zutaten zusammengeben, dann die Aroma-Öle hinzufügen und vermischen.

Mit den getrockneten ganzen Ringelblumen und Minzeblättern dekorieren.

GOLDBRAUNE RINGELBLUMEN-MISCHUNG

DIESE MISCHUNG ist besonders farbenfroh. Stellen Sie einzelne Schüsseln davon ins Zimmer oder nähen Sie Duftkissen.

ZUTATEN

2 ½ Tassen getrocknete gelbe und orangefarbene Blüten
1 ¼ Tassen getrocknete Ringelblumen-Blütenblätter
2 EL getrockneter Majoran und Thymian
2 EL Sennesblätter
2 EL getrocknete Iriswurzel
2 EL gemahlener Zimt
2 in Stücke zerteilte Zimtstangen
4 EL geschnittene, getrocknete Zitronen- und Orangenschalen
4 Tropfen Ringelblumenöl
2 Tropfen Orangenöl
1 Tropfen Zitronenöl
getrocknete Ringelblumen
2 getrocknete Orangenscheiben
2 getrocknete Zitronenscheiben

Alle Zutaten außer den Zitruscheiben und einigen der getrockneten gelben und orangefarbenen Blüten mischen.

Mit den Ölen beträufeln, wieder mischen und die zurückbehaltenen Blüten, Ringelblumen, Zitronen- und Orangenscheiben obendrauflegen.

CREME UND FUSSBAD

DIE HEILENDEN Fähigkeiten der Ringelblume treten in kosmetischen Cremes in den Vordergrund. Ihren lateinischen Namen, calendula, findet man in vielen alten Kräuterrezepten. Die besondere Wirkung spürt man auch, wenn man gekaufte Feuchtigkeitscremes mit einigen frischen Blütenblättern verrührt.

CALENDULA-CREME

Diese Creme ist sehr beruhigend für die Haut, besonders nach einem Sonnenbrand. Tragen Sie sie kurz vor dem Schlafengehen auf, um eine weiche, geschmeidige Haut zu erhalten. Borax unterstützt die Haltbarkeit. Bewahren Sie die Creme im Kühlschrank auf.

Zutaten

1 EL Bienenwachs
1 EL Kakaobutter
1 EL Lanolin
$1\frac{1}{2}$ EL Ringelblumenöl (s. re. u.)
1 EL Glyzerin
2 EL starker Aufguß aus Ringelblumen-Blütenblättern
$\frac{1}{4}$ EL Borax
6 Tropfen Bitterorangenöl nach Wunsch

Eine Handvoll Ringelblumen-Blütenblätter in eine halbe Tasse kochendes Wasser legen.

Bienenwachs, Kakaobutter und Lanolin zusammen in einem Wasserbad oder in der Mikrowelle bei geringer Hitze schmelzen.

Das Ringelblumenöl mit Glyzerin erwärmen, dann in die Bienenwachsmischung geben.

Die Mischung warm halten, die in Wasser eingeweichten Ringelblumen-Blütenblätter und Borax hinzugeben und kräftig verrühren.

In kleine, sterilisierte Gläser füllen.

MINZFUSSBAD

Versuchen Sie dieses alte Rezept für müde Füße. Das natürliche Öl der Minze besitzt eine kühlende Wirkung.

Zutaten

1 großer Strauß Minze
10 Tassen heißes Wasser

Die Minze in kochendes Wasser tauchen. Nach etwa zwei Minuten abdecken und abkühlen lassen. Die Flüssigkeit durchsieben.

Ein Fußbad nehmen, solange das Wasser noch lauwarm ist; oder Mischung in den Kühlschrank stellen und schmerzende Füße damit kühlen.

Ringelblumen- oder Majoranöl

Für $1\frac{1}{4}$ Tassen Sonnenblumenöl benötigen Sie $1\frac{1}{4}$ Tassen Ringelblumen-Blütenblätter oder Majoranblätter. Zerhacken Sie Blüten und Blätter sorgfältig und füllen Sie sie in ein Glas mit Schraubverschluß. Fügen Sie das leicht erwärmte Öl hinzu. Schütteln Sie alles gut und stellen Sie das Glas an einen warmen Ort. Nach 2 Wochen das gesiebte Öl in eine Flasche gießen.

HAARSPÜLUNG UND PFLEGEMITTEL

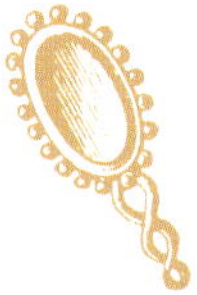

SELBSTGEMACHTE Haarpflegemittel und Spülungen mit Kräutern sind schnell zubereitet und viel billiger als solche, die man im Supermarkt findet. Versuchen Sie es – Sie werden überrascht sein.

HAARSPÜLUNG AUS RINGELBLUME

Die Blütenblätter der Ringelblume hellen blondes Haar auf und verleihen ihm einen goldenen Ton.

ZUTATEN

eine Handvoll Ringelblumen-Blütenblätter
1 1/4 Tassen Wasser
2 EL Malz- oder Apfelessig

Wasser zum Kochen bringen und über die Blütenblätter gießen. Abkühlen lassen, abtrocknen und den Essig hinzugeben. Für die nächste Haarwäsche in eine Flasche abfüllen.

TIP

Wenn Sie draußen in der Sonne sitzen, können Sie Ihrem Haar Gutes tun, indem Sie ein Kräuterpflegeöl in die Haare reiben und dann ein Tuch darum wickeln.

HAARPFLEGEMITTEL MIT KRÄUTERÖL

Lassen Sie sich überraschen, wie glänzend Ihr Haar nach dieser Behandlung vor der Haarwäsche aussieht. Sie können das Öl in größerer Menge herstellen und im Kühlschrank aufbewahren, müssen es aber vor Gebrauch gut schütteln.

ZUTATEN

1 EL Majoranöl (Seite 53)
1 EL Zitronensaft
1 Eigelb

Eigelb mit dem Zitronensaft verrühren, mit Majoranöl vermischen und leicht erwärmen.
Das Öl im Haar verteilen, mit einer Plastikbadekappe oder Plastiktüte bedecken und heiße Tücher um den Kopf wickeln.
15 Minuten einwirken lassen, dann Haare gründlich waschen.

Origanum majorana · Mentha spicata · Calendula officinalis · Mentha spicata · Calendula officinalis · Origanum majorana · Mentha spicata · Calendula officinalis · Origanum majorana · Mentha spicata · Calendula officinalis ·

Origanum majorana · Mentha spicata · Calendula officinalis

MINZKUGELN

ES IST EINFACH, ein gewöhnliches Seifenstück in eine Kräuterseife zu verwandeln, wenn man unparfümierte Seife kauft. Diese Seife geht auf ein Rezept aus dem 16. Jahrhundert zurück.

ZUTATEN

1 EL Minzblätter
$\frac{2}{3}$ Tasse Wasser
2 Tropfen Pfefferminzöl
ein Stück unparfümierte Seife (100 g)

- Die Minze kleinhacken. Das Wasser zum Kochen bringen, Pfefferminzöl hinzufügen und die Seife hineinraspeln. Zwischendurch wieder erhitzen, bis die Seife sich ganz aufgelöst hat.
- 15 Minuten abkühlen lassen, dann zu einer weichen Paste kneten.
- Auf ein Brett legen und nach und nach mit der gehackten Minze vermengen.
- Kleine Kugeln formen, in Folie wickeln und 3 Tage ruhenlassen.
- Aus der Folie wickeln und 1 Monat liegenlassen, damit sich der Geruch voll entwickeln kann.

TIP
Handgemachte Seifenkugeln sind ein schönes Geschenk, z.B. in buntes Seidenpapier gewickelt. Kugeln um das Ende eines Baumwollbands oder einer Schleife formen – eine praktische Duschseife.

RINGELBLUMENSEIFE

DIE HEILENDEN Wirkstoffe der Ringelblume kommen bei diesem alten Seifenrezept aus Glyzerin und Honig voll zur Entwicklung. Erleben Sie selbst, wie sanft sie auf der Haut ist. Sie eignet sich auch gut als Weihnachtsgeschenk.

ZUTATEN

2 EL Glyzerin
eine Handvoll Ringelblumen-Blütenblätter
ein Stück unparfümierte Seife (100g)
2 EL klarer Honig

1. Glyzerin erwärmen und die Blütenblätter hineingeben. Mindestens 1 Stunde einwirken lassen. Die Seife in eine Schüssel raspeln und im Wasserbad bei schwacher Hitze schmelzen lassen.

2. Die Mischung aus Glyzerin und Blütenblättern mit dem Honig verrühren. In eingefettete Formen gießen.

KRÄUTERSÄCKCHEN

NUTZEN SIE die insektenabwehrenden Wirkstoffe des Majorans, indem Sie Kräutersäckchen für die Garderobe oder den Kleiderschrank herstellen. Getrocknete Blütenblätter der Ringelblume verstärken Farbe und Duft. Im Mittelalter hieß es, daß in Lorbeerblätter eingewickelte Säckchen mit Wolfszähnen und Ringelblumen-Blütenblättern, die man nachts unter das Kopfkissen legte, dabei halfen, Einbrecher aufzuspüren.

MATERIAL

Rechtecke aus grobem Leinen oder Sackleinen (20 x 15 cm)
eine Handvoll getrockneter Majoran
kleine Ringelblumen

- Die Seiten und den Boden von zwei Leinenstücken verkleben und so kleine Säckchen herstellen.
- Kräuter einfüllen und Säckchen auch oben verkleben.
- Leinenstreifen für den Griff flechten und annähen.
- Dekorative Schleife annähen.

TIP

Wenn Sie einen Stoff aus richtig grober Baumwolle benutzen, können Sie auch frische Ringelblumen einfüllen und trocknen lassen. Sonst trocknen Sie sie auf übliche Weise und zerkrümeln die Blütenblätter.

Origanum majorana · Mentha spicata · Calendula officinalis · Mentha spicata · Calendula officinalis · Origanum majorana · Mentha spicata · Calendula officinalis · Origanum majorana · Mentha spicata · Calendula officinalis ·

REGISTER

DANKSAGUNG

Wir danken folgenden Firmen
für ihre freundliche Unterstützung:

BASKETS AND GLASSWARE
Global Village,
Sparrow Works, Bower Hinton, Martock, Somerset.

DRIED HERBS AND FLOWERS
The Hop Shop,
Castle Farm, Shoreham, Sevenoaks, Kent TN14 7UB.

HERB PLANTS BY MAIL ORDER
Jekka's Herb Farm,
Rose Cottage, Shellards Lane, Alveston, Bristol BS12 2SY.

HERB SEEDS
Suffolk Seeds,
Monks Farm, Pantlings Lane, Coggeshall Road,
Kelvedon, Essex CO5 9PG.

FOTOGRAFIEN
Andrew Lawson Photography; S.14